Artistes | numéro **30**

JEAN-FRANÇOIS MILLET, LE PEINTRE DES PAYSANS

La nature pour unique bagage

par Eliane Reynold de Seresin

50MINUTES

Avec la collaboration d'Anthony Spiegeler

JEAN-FRANÇOIS MILLET

- **Naissance ?** Né le 4 octobre 1814 à Gruchy.
- **Mort ?** Décédé le 20 janvier 1875 à Barbizon.
- **Contexte ?** L'école de Barbizon, dans une France en marche vers la modernité.
- **Œuvres majeures ?**
  - *Un vanneur* (1847-1848)
  - *Le Semeur* (1850)
  - *Le Repas des moissonneurs* (1853)
  - *Les Glaneuses* (1857)
  - *L'Angélus* (1857-1859)
  - *Paysan à la houe* (1860-1862)
  - *La Méridienne* (1866)
  - *Le Printemps* (1874)

Aussi talentueux que discret, Jean-François Millet fut longtemps raillé par les critiques citadins qui ne comprenaient pas la prédilection du peintre pour la paysannerie. En effet, dans une France synonyme de bouleversements en tous genres, Millet montre clairement sa préférence pour le calme et la pérennité de la campagne.

Fidèle à son milieu d'origine, l'artiste devient le porte-parole d'un monde qui, s'il se meurt, menacé par la révolution industrielle, n'en apparaît pas moins à ses yeux comme un paradis perdu. Obsédé par la justesse du geste et le réalisme de la représentation, le peintre exécute ses esquisses en plein air, sur le motif, au plus près de la nature, engendrant à sa suite un courant artistique novateur : l'école de Barbizon. Sa distance avec le monde qui l'entoure, sa propension à hisser ses sujets au rang de figures universelles, ainsi que la modernité de sa touche entraîneront dans son sillage des artistes qui

comptent parmi les plus grands : les impressionnistes, notamment
Camille Pissarro (1830-1903) et Claude Monet (1840-1926), mais également Vincent Van Gogh (1853-1890), Kasimir Malevitch (1879-1935)
ou encore Salvador Dalí (1904-1989).

CONTEXTE

LA VALSE DES RÉGIMES

Né en 1814 dans les cendres du Premier Empire (1804-1814), Jean-François Millet vit dans un siècle traversé par plusieurs régimes politiques. Suite à l'abdication de Napoléon Ier (1769-1821), Louis XVIII (1755-1824), reprend, en 1815, les rênes du pouvoir : c'est le début de la Restauration. Mais le nouveau roi comprend vite qu'il ne peut renier l'héritage révolutionnaire. Aussi octroie-t-il au peuple français une charte constitutionnelle qui révoque la monarchie absolue au profit d'un régime plus modéré. À la mort de celui-ci, son frère, le comte d'Artois (1757-1836), prend sa succession et renoue avec le cérémonial du sacre, que Louis XVIII avait abandonné. Rebaptisé Charles X, le monarque revient rapidement sur les pouvoirs accordés au peuple. Ce retour à l'autoritarisme provoque la révolution populaire de juillet 1830, cristallisée autour de trois journées, les Trois Glorieuses, qui signent son exil. Jean-François Millet a à peine 15 ans.

Louis-Philippe Ier (1773-1850) devient le souverain de la monarchie de Juillet (1830-1848). S'il dirige le pays sans faste apparent, les crises économiques, notamment dues aux mauvaises récoltes de 1845 et 1846, à l'exode rural et à la crise du secteur industriel, ainsi que l'interdiction de la campagne des banquets, le 22 février 1848, conduisent à une nouvelle révolution, dite de février 1848. Celle-ci entérine la fin de la monarchie et marque le début de la Deuxième République (1848-1851), un régime bref, mais mu par une réelle volonté de stabilisation. En effet, la Deuxième République instaure le suffrage masculin universel et répond aux exigences sociales d'un monde en plein bouleversement en élargissant les libertés individuelles. Mais Louis-Napoléon Bonaparte (1808-1873), qui accède à la présidence de la

République en décembre 1848, réalise un coup d'État le 2 décembre 1851 pour instaurer, un an plus tard, le Second Empire (1852-1870). Il déploie alors une ambitieuse politique de conquête, mais sa défaite contre la Prusse en 1870 signe la fin du prestige impérial. Malgré la révolte populaire de la Commune (1871), la Troisième République (1870-1940) voit le jour et perdurera pendant presque un siècle.

LA CAMPAGNE DES BANQUETS

La campagne des banquets est une succession de 70 réunions qui ont lieu entre 1847 et 1848, sous le règne de Louis-Philippe Ier, afin que les républicains puissent écouter, sous le manteau, les revendications populaires face à l'immobilisme du gouvernement. Les réunions politiques étant proscrites, l'appellation de banquet vise à contourner cette interdiction. Pourtant, celui qui devait clôturer cette campagne, le 22 février 1848, est interdit par le gouvernement, ce qui met le feu aux poudres et précipite la fin du régime monarchique.

L'EMPIRE DE LA MODERNITÉ

Après les multiples bouleversements qui ont affaibli la France, le pays entre, avec le Second Empire, dans une ère de prospérité placée sous le signe du progrès. La révolution industrielle, importée de Grande-Bretagne, débarque sur les côtes françaises. Le développement de nouveaux matériaux de construction comme l'acier et le remplacement des ruelles parisiennes par de larges avenues, sous l'égide du préfet Haussmann (1809-1891), modifient profondément la physionomie de la capitale. Par l'intermédiaire de cet homme de confiance, Napoléon III souhaite favoriser l'essor de l'industrie et le développement du commerce. Cette ambition va également de pair avec la naissance des banques et des grands magasins. Et si les larges artères détruisent le Paris tortueux de l'époque médiévale, cher aux artistes, elles permettent toutefois d'assainir certains quartiers réputés insalubres. De plus, non content d'être un bâtisseur de ponts et autres monuments prestigieux, Napoléon III, influencé par l'urbanisme anglo-saxon, modernise la capitale en profondeur en créant de nouvelles canalisations pour les eaux, les égouts et de nombreux espaces verts. Enfin, le développement des voies de communication, avec l'invention de la locomotive à vapeur et du bateau à vapeur, offre aux citadins la possibilité de s'évader à la campagne.

Les années 1860 voient par ailleurs la naissance du libéralisme économique et politique. Dès 1864, la loi Émile Ollivier autorisant le droit de grève est promulguée. Car bien que la ville porte en elle les promesses du confort, la frontière entre le peuple et la bourgeoisie, qui est la seule à bénéficier des progrès, se maintient. Il en va de même de la fracture entre citadins et paysans, même si les salaires des agriculteurs augmentent sensiblement en raison de l'exode rural. Mais malgré l'amélioration des conditions de travail et de vie, les laissés pour compte sont nombreux. La campagne devient alors, pour certains, un lieu de vie idéal. Paysan de souche, Millet fuit la capitale et trouve à Barbizon, dès 1849, un lieu idéal de villégiature. Ses œuvres dénotent la joie des travaux des champs et une vision édénique de la terre nourricière.

L'OUVERTURE AU RÉEL

Sur le plan artistique, entre l'art officiel – l'académisme – et les élans du romantisme, une troisième voie s'ouvre aux artistes : le réalisme. Bouleversés par les révolutions sociales, certains d'entre eux ne se sentent plus concernés ni par les sujets d'histoire, ni par les élans passionnels. Vient alors le règne de la lucidité et des préoccupations sociales. Les écrivains réalistes, notamment Honoré de Balzac (1799-1850), Gustave Flaubert (1821-1880), Émile Zola (1840-1902) ou Guy de Maupassant (1850-1893), comme les artistes, à l'instar de Gustave Courbet (1819-1877) ou de Jean-François Millet, se tournent vers le peuple et dépeignent le quotidien. Désormais, la réalité prévaut, mettant à mal la hiérarchie des genres et l'idéalisation : le quotidien et les sujets plébéiens, triviaux, envahissent le champ artistique et une nouvelle ambition réaliste voit le jour. L'invention de la photographie par Nicéphore Niepce en 1826 n'est, à cet égard, pas sans conséquence.

Tandis que Courbet apparaît comme le chantre du réalisme pictural, Millet, qui se revendique également du réalisme, devient le chef de file de l'école de Barbizon. Celle-ci regroupe, au XIXe siècle, de nombreux peintres qui fuient la fièvre de la ville pour le calme de la campagne. Ils sont parmi les premiers à installer leur chevalet en pleine forêt, pour s'inspirer directement de la nature et croquer leurs esquisses sur le motif. Cette révolution artistique n'aurait pas pu voir le jour sans l'invention des tubes de peinture par Lefranc en 1859 et sans le développement du chemin de fer, qui facilite l'accès à la campagne. Inspirée par le peintre anglais John Constable (1776-1837), qui redonne au paysage ses lettres de noblesse, l'école de Barbizon, nom du village où les artistes se retrouvent, fait de la nature son sujet de prédilection. Ainsi, alors que certains artistes réalistes traduisent la frénésie industrielle ou le monde ouvrier, les peintres de Barbizon dépeignent quant à eux les beautés naturelles. Jean-Baptiste Camille Corot (1796-1875), Narcisse Díaz de la Peña (1807-1876), Théodore Rousseau (1812-1867), Jean-François Millet ou encore Charles-François Daubigny (1817-1878) sont les plus illustres représentants de ce mouvement.

L'ACADÉMISME ET LE ROMANTISME

L'académisme désigne l'art prôné par l'Académie royale de peinture et de sculpture, créée en 1648. Celle-ci régit la production artistique française jusqu'au XIXe siècle, présentant seulement les œuvres des artistes qu'elle adoube lors de l'exposition artistique officielle de l'Académie, le Salon. Véritable institution, l'Académie impose des règles strictes, comme la hiérarchie des genres : la peinture d'histoire, allégorique ou religieuse, occupe la première place devant le portrait, puis la peinture de genre, le paysage et la nature morte. En outre, les sujets doivent être idéalisés et le fini lisse, l'Antiquité gréco-romaine étant la référence absolue.

Au XIXe siècle, de nombreux peintres, dont Millet, prennent leurs distances avec les règles académiques, qu'ils ne trouvent plus en phase avec les préoccupations de l'époque. Le romantisme est quant à lui un mouvement littéraire et artistique né à la fin du XVIIIe siècle en Allemagne et qui gagne le reste de l'Europe au début du siècle suivant. Il balaie le rationalisme pour laisser place à l'exaltation des sentiments et aux élans individuels de l'homme, empreint d'héroïsme et de passions.

UNE JEUNESSE FLEURIE

Né le 4 octobre 1814 dans le département de la Manche, dans le hameau de Gruchy, au sein d'une famille de paysans aisés, Jean-François Millet reçoit une instruction lettrée, grâce à la présence d'hommes d'Église dans son entourage. Il étudie le latin et lit autant d'auteurs classiques que contemporains, de Virgile (Ier siècle av. J.-C.) à Victor Hugo (1802-1885). Très tôt, ses dispositions pour le dessin sont remarquées par son père, lui-même artiste à ses heures perdues. Aussi envoie-t-il son fils à Cherbourg, dès 1833, afin de faire éclore son talent. Malheureusement, le décès brutal de son père oblige Millet à regagner le domicile familial. Si la disparition subite du chef de famille aurait pu condamner le jeune homme aux travaux de ferme, sa mère, avec la complicité de sa grand-mère, presse l'artiste en herbe de retourner à Cherbourg sous l'autorité de Théophile Langlois de Chèvreville (1803-845), un ancien élève d'Antoine-Jean Gros (1771-1835), afin qu'il se perfectionne. Grâce à son professeur, la ville de Cherbourg lui octroie une bourse de deux ans pour aller étudier les beaux-arts à Paris, sous la protection de Paul Delaroche (1797-1856), l'un des représentants de l'art officiel. Là, Millet fait ses gammes, dans le pur style académique : nus, sujets historiques, allégoriques ou bibliques.

Toutefois, le jeune peintre préfère l'enseignement muséal qu'il peut suivre au Louvre, en autodidacte. Aussi passe-t-il son temps à copier les œuvres d'Eugène Delacroix (1798-1863) et de Nicolas Poussin (1594-1665), respectivement chefs de file du romantisme et du classicisme. Mais il échoue, par deux fois, au prix de Rome, qui récompense le lauréat par un voyage à Rome, et perd sa bourse. Sans revenu, il doit quitter la capitale. C'est en réalisant des œuvres de commande au Havre qu'il rencontre sa future épouse dont il effectue un portrait, *Pauline Ono* (1841). Tous deux retournent ensuite à Paris, où Millet explore sa période « fleurie », quelque peu libertine, dans la veine rococo de Jean-Honoré Fragonard (1732-1806). À partir de 1842, Millet voit quelques-unes de ses œuvres acceptées au Salon. Le décès de son épouse, en 1844, l'oblige à regagner Cherbourg, où il vit grâce à ses portraits.

L'ÉCOLE BUISSONNIÈRE

C'est à Cherbourg que le peintre rencontre celle qui l'accompagnera jusqu'à la fin de ses jours et avec qui il aura neuf enfants, Catherine Lemaire. Avec elle, dès 1845, il part au Havre un temps, puis rejoint Paris où il fait la rencontre de Narcisse Díaz de la Peña, Honoré Daumier (1808-1879), Constant Troyon (1810-1865) et Théodore Rousseau. La toile *Œdipe détaché de l'arbre par un berger*, en 1847, retient l'attention des critiques, notamment de Théophile Gauthier (1811-1872). Peu à peu, Millet se détourne de l'art académique pour se concentrer sur des sujets qui lui sont familiers, puisque paysans. *Un vanneur* (1847-1848) marque l'ouverture du cycle réaliste de l'artiste, qui verra la naissance de ses œuvres les plus célèbres. Cette toile est achetée par Alexandre Ledru-Rollin (1807-1874), par l'entremise d'Alfred Sensier (1815-1877), qui devient le mécène et l'ami de Millet.

En 1849, Millet fuit la capitale et son rythme frénétique pour s'installer à Barbizon, où naît une amitié sincère avec Théodore Rousseau. C'est avec celui-ci, Jean-Baptiste Camille Corot, Narcisse Díaz de la Peña et Charles-François Daubigny qu'il fonde l'école de Barbizon. Ils seront parmi les premiers, avec Gustave Courbet, à exhorter les artistes à peindre en extérieur, dans un souci de réalisme et de justesse.

LES GRAINES DU SUCCÈS

Deux ans plus tard, en 1851, lorsque *Le Semeur* (1850) est accepté au Salon, Millet connaît enfin le succès. En 1853, suite au décès de sa mère, il épouse civilement sa conjointe. À la même époque, les œuvres de commande se succèdent et, en 1854, l'artiste reçoit la médaille de seconde classe au Salon. L'année suivante, il présente à l'Exposition universelle sa toile *Un paysan greffant son arbre*, puis suivront *Les Glaneuses* (1857) et *L'Angélus* (1857-1859).

Si ses détracteurs l'accusent d'être partisan des troubles révolutionnaires, Millet, loin de se considérer comme un socialiste militant, veut juste peindre ceux qu'il a toujours connus, les paysans. Mais ses thématiques rurales trouvent un écho sans précédent dans une époque qui donne la parole aux humbles. C'est pourtant sans le moindre misérabilisme que ses toiles font la louange du monde qui l'a forgé et qui désormais se meurt. Charles Baudelaire (1821-1867) trouve même ses paysans hautains : « Ses paysans sont des pédants qui ont d'eux-mêmes une trop haute opinion. [...] Qu'ils moissonnent, qu'ils sèment [...] ils ont toujours l'air de dire : "Pauvres déshérités de ce monde ! C'est pourtant nous qui le fécondons ! Nous accomplissons une mission." » (Charles Baudelaire, in ROGER (Alain) (sous la dir.), *La Théorie du paysage en France*, Seyssel, Champ Vallon, 1995, p. 136) Qu'importe : le succès est au rendez-vous. Millet autorise la reproduction sous forme de carte postale de son *Paysan à la houe*, et il reçoit de nombreuses œuvres de commande, notamment de pastels par Émile Gavet.

Au milieu des années 1860, influencé par Théodore Rousseau, l'artiste délaisse la figure paysanne pour se concentrer sur les paysages. En 1868, le peintre reçoit la Légion d'honneur. Trois ans plus tard, suite à la guerre franco-prussienne, le peuple parisien gronde à nouveau. Millet, peu enclin à la politique, s'éloigne de Gustave Courbet, communard, et part à Cherbourg pour mettre sa famille à l'abri. Il refuse ainsi d'intégrer la Fédération des artistes de la Commune, évitant d'être récupéré politiquement. Il parvient à survivre pendant seize mois grâce, notamment, à des ventes réalisées par le marchand d'art Paul Durand-Ruel (1831-1922), exilé en Angleterre.

En 1875, Millet revient à Barbizon, où il peint de plus en plus de paysages, et s'éteint la même année, connu et reconnu de tous, juste après s'être marié religieusement, aux balbutiements de la Troisième République. Il repose aux côtés de Théodore Rousseau, au cimetière communal de Chailly-en-Bière, en Seine-et-Marne. Sur les 95 pastels mis en vente par Émile Gavet, plus de 40 œuvres ont trouvé preneur auprès d'acheteurs américains. C'est dire si l'aura de Millet dépassait largement les frontières françaises.

CARACTÉRISTIQUES

L'HUMAIN POUR UNIQUE PRÉOCCUPATION

Dès son apprentissage et pour subvenir à ses besoins, Jean-François Millet se tourne naturellement vers l'humain, délaissant les sujets d'histoire, pourtant très prisés par l'académisme. Très tôt, il se concentre sur le portrait, preuve s'il en est que l'homme est au cœur de ses préoccupations. Il répond alors à de nombreuses commandes à Paris, mais, comme de nombreux peintres avant lui, la capitale l'épuise rapidement. Loin de la figure de l'artiste révolutionnaire, très en vogue à l'époque, Millet préfère le calme de la campagne et s'évade à Barbizon en 1849.

À partir de cette période, ses toiles dégagent toutes l'odeur de la ferme et des champs qui l'ont bercé enfant. Pour autant, les paysages purs, dépourvus de toute présence humaine, ne sont pas ses sujets de prédilection. C'est toujours l'homme qui monopolise son attention. Millet ne déclare-t-il pas : « C'est le côté humain franchement humain qui me touche le plus en art » (Lettre à Sensier, 1er février 1851) ? Ses paysages sont donc peuplés de figures humaines replacées dans leur milieu. Ainsi, ce n'est pas l'homme en général qui touche l'artiste, mais une figure particulière, celle du paysan.

LE PEINTRE DES PAYSANS

Ses tableaux dégagent tout le respect et l'humilité que l'artiste éprouve vis-à-vis de la classe paysanne, mais sans aucun misérabilisme. Ses personnages sont là, simplement, répétant inlassablement ces gestes qu'ils savent nécessaires : *Un vanneur* (1847-1848), *Le Semeur* (1850), *Les Botteleurs de foin* (vers 1850), *Les Glaneuses* (1857), *Paysan à la houe* (1860-1862)... Millet ne dépeint pas seulement des visages, mais également les symboles d'un mode de vie en train de disparaître. Ainsi, à la différence des œuvres de Courbet, plus objectives, ses toiles sont empreintes de nostalgie. Face à l'industrialisation et à la modernisation de la société, Millet a en effet déjà compris que ce monde touche à sa fin. En privilégiant cette classe sociale, en la mettant à l'honneur, en la couchant sur la toile, il entend redonner toute sa place à ceux qui, malgré tout, nourrissent encore la France. De ses œuvres se dégage un idéal social de la figure paysanne qui fait de Millet un socialiste au sens étymologique du terme. Sans grandiloquence, le peintre souligne en filigrane que les héros ne sont pas dans les livres d'histoire, mais dans les champs, en train de courber l'échine. On comprend alors pourquoi il fut surnommé « le peintre des paysans ».

MILLET ET COURBET

D'une origine terrienne qu'ils revendiquent, Courbet et Millet sont respectivement surnommés « le peintre en sabots » et « le peintre des paysans ». Tous deux sont très attachés au monde rural, qui constitue le thème latent de leurs toiles, s'opposent à l'idéalisation des sujets prônée par l'Académie et incitent à peindre sur le motif. Pour autant, et bien qu'ils soient amis, Courbet et Millet prennent progressivement des chemins différents, ce qui se reflète dans leurs œuvres. Tandis que Courbet se sert de sa palette comme d'une arme, tant pour faire du réalisme une voie incontournable que pour dénoncer les problèmes sociaux de l'époque, battant le pavé et multipliant les coups d'éclat, Millet peint la paysannerie sans revendiquer une quelconque opinion politique. Certes, le contexte social français fait que ses œuvres se teintent inévitablement d'une connotation socialiste, mais, contrairement à son cadet, il reste complètement étranger à la fièvre révolutionnaire qui enflamme les milieux artistiques et ne s'engage dans aucune cause politique.

LE VISAGE DE L'ÉCOLE DE BARBIZON

Plutôt que de nourrir ses sujets par des souvenirs subjectifs, Millet peint les esquisses de ses tableaux sur le motif, afin d'être le plus réaliste possible. Respectueux du monde qui l'entoure, Millet veut être le témoin direct d'un monde finissant au cœur d'une nature nourricière et universelle. Une de ses caractéristiques majeures est son ambition de justesse. Dans cette optique, sa touche s'épaissit et gagne en matérialité, comme pour rendre la peinture plus visible, plus réelle, et donc plus réaliste.

Les paysages de Millet sont ponctués de ces hommes en sabots à qui il donne une aura universelle, faisant dès lors des scènes de genre, jusque-là considérées comme un genre mineur, un genre noble. Il s'inscrit ainsi dans la filiation des frères Le Nain et des peintres hollandais du XVIIe siècle qui furent les premiers à propulser les scènes de genre dans le domaine des préoccupations artistiques. La différence réside en ce que Millet les place en pleine nature, alliant la peinture de paysage, qui deviendra plus importante dans sa période tardive, et la scène de genre. Quand certains dépeignent simplement le milieu naturel, Millet ajoute celui qui y vit, combinant la valeur de la terre à la valeur humaine. C'est pour cela qu'il a acquis une réputation plus socialiste que les autres peintres de Barbizon.

UN VANNEUR

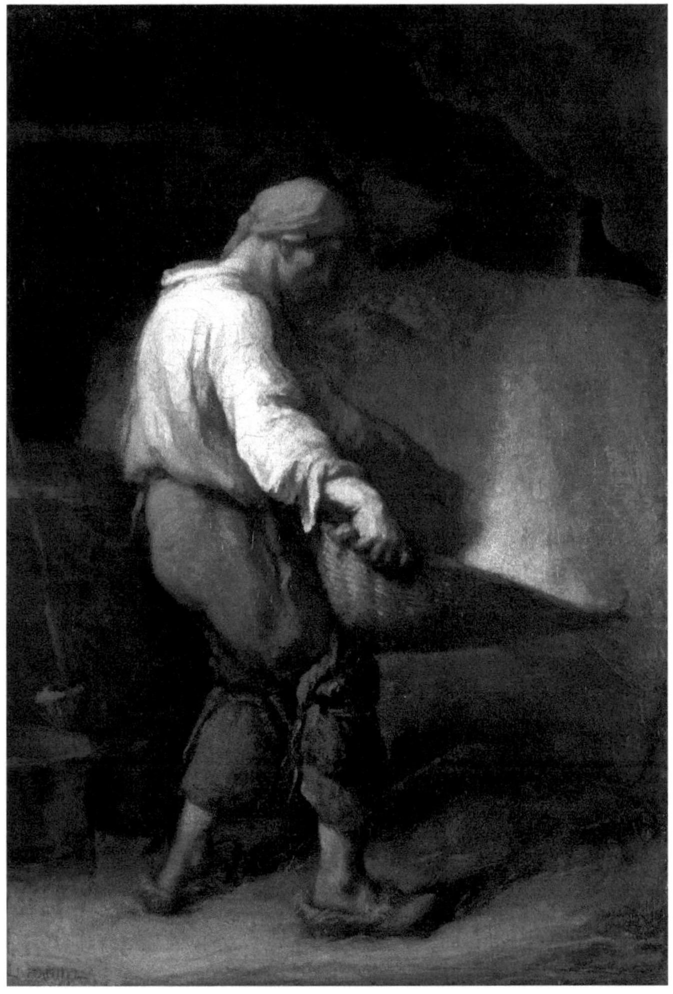

Un vanneur, 1847-1848, huile sur toile, 100,5 x 71 cm, Londres, National Gallery.

Millet compose cette toile dans un contexte bien précis : en 1846 et 1847, la France connaît deux années de mauvaise récolte, d'où une augmentation considérable du prix du blé qui atteint, en 1847, des sommets. Les populations sont alors exsangues. Cette crise substantielle, ajoutée à la crise industrielle et financière, donne lieu à la révolution de février 1848. *Un vanneur*, qui met en scène un paysan occupé à séparer les grains des déchets à l'aide d'un van (large corbeille peu profonde que l'on secoue pour trier les grains) montre combien chaque grain est précieux et combien il est nécessaire de le trier, afin de ne garder que la substantifique moelle. Au XIXe siècle, le pain est la base de l'alimentation, en particulier à la campagne.

Ce n'est pas un hasard si Ledru-Rollin (1807-1874), nommé ministre de l'Intérieur suite à la révolution de 1848, se porte acquéreur du tableau. En effet, cette toile, en plaçant un paysan au premier plan, incarne la genèse de la révolution. Les couleurs du paysan – bleu, blanc et rouge –, ne sont pas anodines non plus, puisqu'elles font allusion au drapeau définitivement adopté par la Seconde République.

Bien que paysanne, cette œuvre trouve un accueil favorable auprès de la critique, en particulier auprès de Théophile Gauthier. Elle offre ainsi au peintre un succès d'estime. La musculature du paysan rappelle celle des héros de Delacroix, aux muscles exacerbés, les tons sombres sont un hommage aux frères Le Nain, et le clair-obscur n'est pas sans évoquer les œuvres de Rembrandt (1606-1669).

Le parallèle entre la colonne de blé et la verticalité de la chemise met sur un pied d'égalité le paysan et ce grain à la base de toute vie, comme pour souligner que c'est bien le paysan qui sustente la France entière. Représentée de la sorte, la colonne de grains qui vole au-dessus du tamis ressemble à une flamme, source de vie également. On ne peut s'empêcher de penser à la parabole du bon grain qu'il faut séparer de l'ivraie, au sens propre comme au figuré. Ici, symboliquement, le bon grain désigne le monde rural, paysan, qui fait vivre la République et les autres régimes à venir.

LE SEMEUR

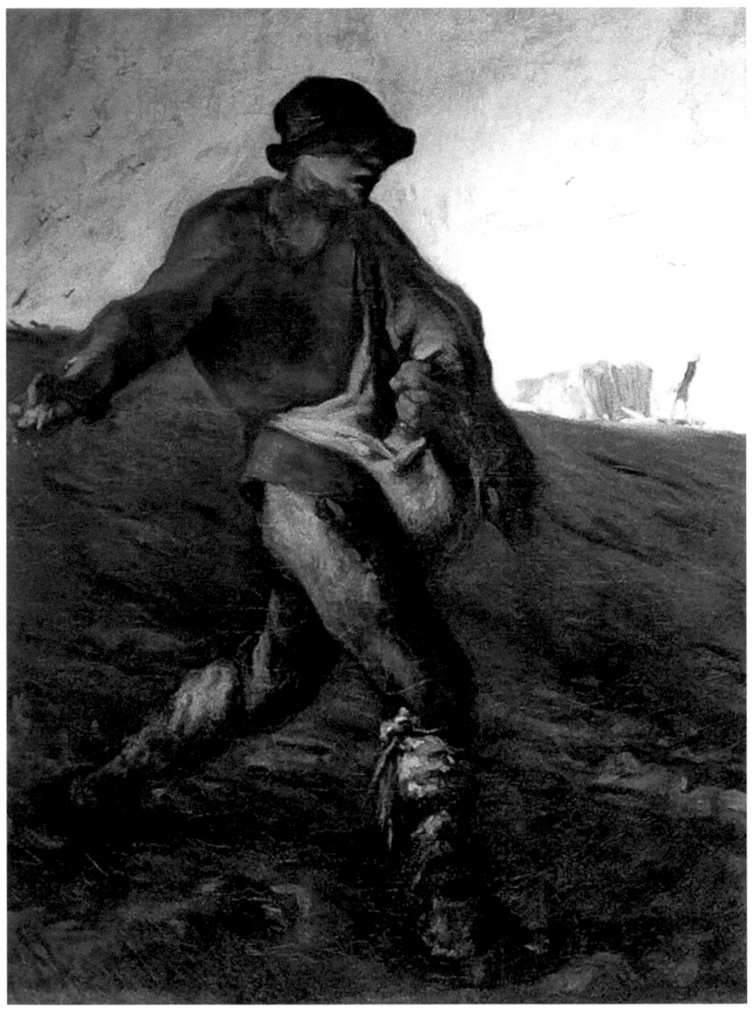

Le Semeur, 1850, huile sur toile, 101,6 x 82,6 cm, Boston, Museum of Fine Arts.

Lorsque Millet peint *Le Semeur*, il se trouve à Barbizon avec des amis. Si cette œuvre reste attachée au monde paysan, cette fois Millet le replace dans son contexte, la nature. En cela, on note une évolution par rapport au *Vanneur*. Si Alfred Sensier, son mécène, croit y reconnaître un paysage d'inspiration hollandaise, l'œuvre est bien exécutée à Barbizon.

On sent l'authenticité du geste, tout en puissance, de ce paysan qui marche d'un pas décidé car la besogne ne peut attendre. La tête n'est pas proportionnelle au corps : elle est plus petite, enfoncée, camouflée par un chapeau abîmé par les intempéries et le temps qui passe. La musculature du personnage, proéminente, dévoile la force tranquille paysanne, comme si l'homme n'était que vigueur et se résumait au geste séculaire qu'il est en train d'effectuer. Au loin, les corbeaux picorent déjà dans la terre qui vient d'être hersée, à l'instar de la modernité qui dévore peu à peu le monde rural. L'ombre trahit sans doute la lucidité du peintre sur cet avenir paysan incertain.

Le rythme du semeur est rapide et il dévale la pente avec dynamisme. Ses pieds forment une parallèle à la ligne de terre qui se démarque du ciel. La verticalité de la figure paysanne semble monumentale et résiste à cette pente autant qu'elle l'appréhende. Étirée, immense, cette ligne de force majeure occupe à elle seule pratiquement tout l'espace. La technique du paysan est brute et se réduit à l'essentiel, donnant un air d'universalité à cette figure emblématique de celui qui ensemence.

À droite, au loin, la charrue et les bœufs éclairés par le soleil finissant confèrent une lueur d'espoir au tableau. Ils semblent nous montrer le mode de vie à adopter. Par ailleurs, la symbolique du semeur ne saurait nous échapper : Millet sème quelques grains d'espérance en représentant, et donc en immortalisant, ce monde qui est le sien. Plus que des grains de blé, il sème son art, différent, afin de nous ouvrir les yeux.

Si l'artiste n'avait d'autre intention que de peindre l'authenticité d'un peuple paysan à l'agonie mais au rôle essentiel à la survie de l'homme, le contexte houleux de la Seconde République récupéra politiquement l'aspect social de ce tableau, criant de réalisme et de vérité.

L'ANGÉLUS

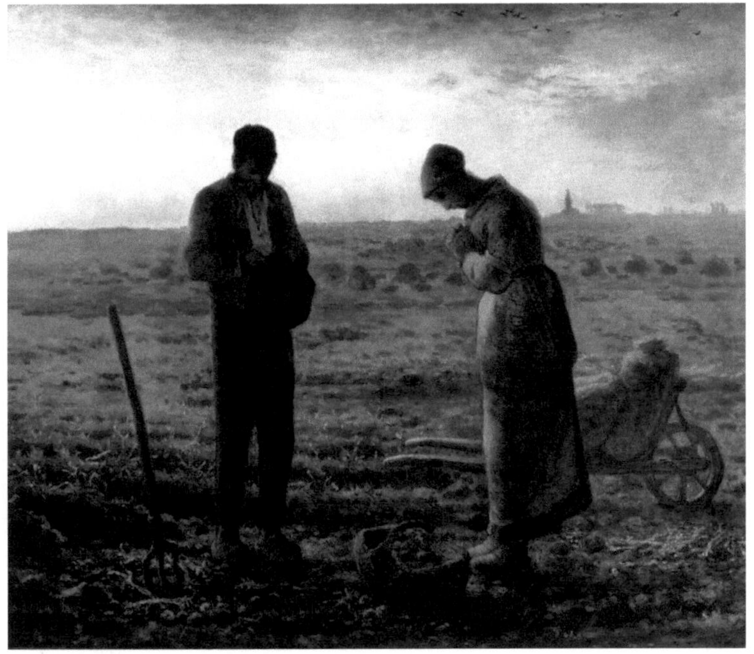

L'*Angélus*, 1857-1859, huile sur toile, 55,5 x 66 cm, Paris, musée d'Orsay.

Cette œuvre est sans doute la plus emblématique de Millet. Si l'artiste compte de nombreux détracteurs, il a néanmoins aussi un bon carnet d'adresses. Œuvre de commande, cette toile n'est pas réceptionnée par son commanditaire, mais trouve tout de suite un acquéreur. À la fin des années 1880, c'est le tableau le plus cher du monde et, au début du XXe siècle, son dernier propriétaire en fait don à l'État. *L'Angélus* a fait l'objet d'une réelle sacralisation, déjà du vivant de l'artiste – on diffusait l'œuvre dans les églises par le biais de photographies.

Millet raconte que cette scène est un souvenir d'enfance : sa grand-mère lui demandait d'arrêter de travailler quand sonnait l'angélus, afin de réciter une oraison pour les « pauvres morts ». La population paysanne, attachée à la tradition, reste en effet profondément croyante. Les moments de solennité tels que celui représenté dans cette toile n'étaient donc pas rares et sont par conséquent empreints de réalisme. D'ailleurs, le fait que le peintre évoque cette scène en tant que souvenir familial l'ancre encore davantage dans le réel.

La lumière crépusculaire qui inonde le tableau nous indique que c'est l'angélus du soir qui retentit au loin. Les deux personnages, probablement un couple, se situent sur les lignes de force du tableau, respectivement à chaque tiers. Si on considère l'œuvre de manière horizontale, le ciel occupe le premier tiers tandis que les deux autres tiers sont pris par la terre et le champ qui s'étire à perte de vue. L'ensemble est extrêmement bien proportionné, ce qui accentue l'impression de calme s'exhalant du tableau. La position des corps n'est pas sans évoquer le clocher, au loin, qui leur est parallèle. Leur verticalité traduit l'élévation. C'est donc à un moment de recueillement religieux que le peintre nous convie.

Aux pieds des personnages se trouve un panier rempli de pommes de terre. On en déduit que la scène s'inscrit au moment de la récolte du tubercule, qui a lieu à l'automne. Il règne au sein de ce tableau une dichotomie temporelle : le cycle des saisons, la nature étant ancrée dans la temporalité, s'oppose à l'instant religieux, synonyme d'éternité, atemporel par essence. Millet se tient souvent à cette frontière entre la temporalité, égrenée par le rythme de la nature, et l'éternité, ou l'universalité, qui place ses scènes hors du temps.

DES GLANEUSES

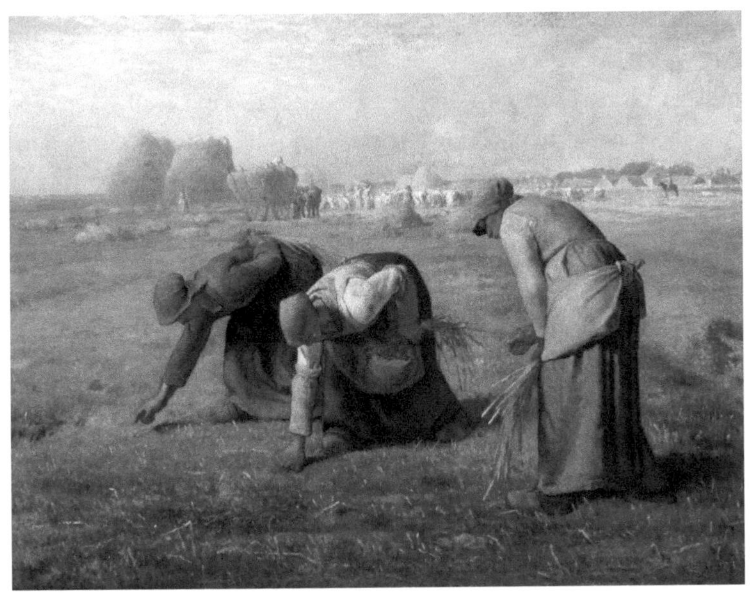

Des glaneuses, 1857, huile sur toile, 83,5 x 110 cm, Paris, musée d'Orsay.

Cette œuvre, l'une des plus abouties de Millet, est divisée en deux parties. Au premier plan se trouvent trois femmes qui ont été autorisées par le propriétaire à glaner les quelques épis oubliés par les moissonneurs. Si cette pratique était auparavant courante, en 1857, elle tend à disparaître et n'est plus qu'une largesse accordée aux pauvres.

Sans doute influencé par la photographie, Millet fige l'instant, chacune des femmes symbolisant une étape du glanage. La première, sur la gauche, a repéré un épi, la seconde le ramasse et la troisième se redresse pour le mettre dans sa besace. En cela, la toile n'est pas sans évoquer *Les Casseurs de pierres* (1850-1851) de Gustave Courbet. Imposantes et massives, presque sculpturales, les glaneuses sont hissées au statut d'héroïnes alors que ce ne sont que de simples paysannes. Leur dos courbé symbolise la pauvreté et la soumission, et met en exergue la pénibilité de leur travail. Renforçant leur anonymat, l'ombre du soir ne permet pas de les distinguer. Elles incarnent la misère paysanne du XIXe siècle et la disparition inéluctable du glanage.

Pour autant, Millet ne s'arrête pas à ces revendications sociales. Aussi l'arrière-plan apparaît-il comme une antithèse, par son opposition thématique et chromatique avec la scène du premier plan : il représente l'opulence et baigne dans une lumière dorée – renforcée par la tenue blanche des moissonneurs – qui l'isole du reste de la composition. Les trois meules forment un parallèle avec les trois femmes, mais elles sont proportionnellement inversées par rapport à ces dernières. Empreint d'excitation, le moment dépeint souligne la joie du travail accompli. La récolte est bonne, comme le prouve la charrette pleine de blé. Plus loin se dessinent les fermes du propriétaire. Le cavalier, homme de main de ce dernier, veille au bon déroulement de la récolte et du glanage.

Si cette toile a fait scandale au Salon de 1857, c'est sans nul doute en raison de la portée sociale de l'œuvre qui dénonce la misère touchant la paysannerie au XIXe siècle. Ainsi, selon Sensier, Paul de Saint-Victor se serait écrié : « Ses trois glaneuses ont des prétentions gigantesques : elles posent comme les trois Parques du paupérisme. » (COLLECTIF, *L'Esprit et les Lettres, mélanges offerts à Georges Mailhos*, Toulouse, Presses universitaires du Mirail, coll. Les cahiers de littérature, 1999, p. 107) Pourtant, le public a omis d'observer l'arrière-plan qui adoucit et tempère le premier plan. Millet entend signifier que rien n'est blanc ou noir et que certains paysans aisés (dont sa famille) vivent très bien, et n'envient en rien le monde industriel urbain, malgré la dureté du labeur rural. L'œuvre est donc lucide, mesurée et réaliste – il faut savoir qu'elle est le résultat de dix années de recherches.

Enfin, cette toile, par sa touche de plus en plus fragmentée (notamment dans la représentation des épis), annonce, en filigrane, d'autres voies picturales à venir.

JEAN-FRANÇOIS MILLET, UNE SOURCE D'INSPIRATION

LA RÉCOLTE DE VAN GOGH

Jean-François Millet, longtemps considéré comme un « homme des bois », exerce pourtant une influence décisive sur l'art moderne, à la fois par sa vision lucide de la vie, par ses thématiques et par sa facture.

Ses thématiques, la paysannerie et l'humilité du monde rural, trouvent un écho particulier chez Vincent Van Gogh. Tout en interprétant avec son propre langage les œuvres de Millet, Van Gogh pousse le mimétisme assez loin, puisque la composition de certaines de ses œuvres est identique – on pense notamment au *Semeur*, que Van Gogh réinterpréta de nombreuses fois –, parfois inversée – comme c'est le cas dans *La Méridienne* (1889-1890). Dans ce tableau, on retrouve en outre l'influence de la touche de maître qui, dans ses pastels, séparait ses coups de crayon. Éreinté par la frénésie citadine, Van Gogh partage également avec Millet la nostalgie de la campagne. À cet égard, *La Méridienne* souligne combien les paysans dorment du repos du juste, loin de la course frénétique au progrès. Ils se satisfont d'un bonheur simple et accessible, empreint de paix.

LES PRÉMISSES DE L'IMPRESSIONNISME

En incitant à peindre sur le motif, l'école de Barbizon, dont Millet est l'un des chefs de file, trouve une réception favorable chez les impressionnistes, qui partent à la rencontre de leurs maîtres en pleine forêt, fragmentant de plus en plus leur touche. Ainsi, comment ne pas voir dans l'œuvre proto-impressionniste de Millet, *Le Printemps*

(1868-1873), la naissance du courant artistique majeur qui allait emboîter le pas à l'école de Barbizon ? De même, l'intérêt vis-à-vis de la luminosité, primordiale pour Millet, est l'une des caractéristiques majeures des impressionnistes qui lui emprunteront ses clairs-obscurs, ses tons crépusculaires et ses accidents atmosphériques. Sa thématique des meules dans *Les Meules, paysage d'automne* (1874), trouve une résonnance particulière chez Monet, qui réalise plusieurs séries sur ce sujet.

UNE INFLUENCE DÉCISIVE SUR MALEVITCH ET DALÍ

Enfin, son traitement des volumes et sa simplification des formes trouvent une filiation en Kasimir Malevitch. Si la touche de ce dernier diverge fondamentalement de celle de Millet, ses volumes s'inspirent en revanche de ses œuvres. Ainsi, l'économie de moyens revendiquée par Malevitch dans *Femme moissonnant* (1912) ou le personnage au premier plan à droite de *La Rentrée des moissons* (1911) ne sont pas sans évoquer la figure centrale des *Glaneuses* de Millet. Le maître décompose en effet ses personnages comme pour leur donner plus de robustesse, et Malevitch reprend à son compte cette façon d'appré-hender le volume.

Et si Millet a une influence majeure sur ses épigones, pour certains cela tourne à l'obsession, à l'instar de Salvador Dalí, qui consacre un ouvrage entier à *L'Angélus*. Bien que celui-ci se livre à une lecture personnelle de l'œuvre, il ne fait aucun doute que son intuition du cercueil d'enfant en lieu et place du panier montre à quel point il comprit intimement Millet. Dans *Réminiscence archéologique de l'Angélus de Millet* (1935), Dalí réinterprète le chef-d'œuvre du maître avec ses visions fantasmagoriques et fige cet instant dans l'éternité (« archéologique »). D'ailleurs, le ciel prend le pas sur la terre, qui n'occupe plus que le premier quart horizontal du tableau.

C'est un paysage désolé, surréaliste, de fin du monde, avec un ciel menaçant. Saisissant le volume imposant des paysans de Millet, Dalí l'extrapole jusqu'à l'hypertrophie. La femme, que l'Espagnol compare à une mante religieuse, est ici plus grande que l'homme. Ce dernier, honteux, cacherait sous son chapeau les signes visibles d'une érection, induite dans le tableau originel par la verticalité de la fourche. Ici point de récolte ni de cercueil ; pourtant, on remarque, certes en minuscule mais au tout premier plan, un homme tenant la main d'un enfant. Frère cadet d'un aîné mort en bas âge, Dalí ne peut qu'être touché par la thématique dissimulée de Millet.

EN RÉSUMÉ

- Bien qu'ancrée dans la ruralité, la peinture de Millet est résolument moderne dans la mesure où son œuvre incarne les préoccupations sociales de son époque. Toutefois, le peintre reste étranger à la politique. Son souci de réalisme et de justesse ouvre une nouvelle voie picturale qui se détourne à la fois de l'académisme et du romantisme.

- Si Millet préfère à la ville le calme de la campagne, les paysages purs ne sont pas pour autant ses sujets de prédilection : c'est l'homme qui l'intéresse le plus. Ses tableaux sont peuplés de figures humaines, plus particulièrement de paysans. Ils dégagent tout le respect et l'humilité que l'artiste éprouve vis-à-vis de cette classe sociale, mais sans aucun misérabilisme. Celui que l'on surnomme « le peintre des paysans » entend redonner leur place à ceux qui, malgré tout, nourrissent encore la France.

- En incitant à peindre sur le motif, Millet devient le fondateur d'une nouvelle école de peinture, aux côtés de Théodore Rousseau : l'école de Barbizon. Véritablement moderne, son art reflète les progrès de son époque, notamment l'invention des tubes de peinture, qui lui permettent de peindre à l'extérieur.

- Millet marque de nombreux peintres, tant par ses sujets que par sa facture. Le thème de la paysannerie et du monde rural trouve ainsi un écho particulier chez Vincent Van Gogh. Mais c'est sur les impressionnistes que son influence est la plus décisive, notamment sur Claude Monet et Camille Pissarro, qui emmènent à leur tour leurs chevalets au cœur de la nature. Enfin, Millet a également inspiré des artistes tels que Kasimir Malevitch et Salvador Dalí.

POUR ALLER PLUS LOIN

SOURCES BIBLIOGRAPHIQUES

- Brettel (Caroline et Richard), *Les Peintres et le Paysan au XIXᵉ siècle*, Genève, Skira, 1983.
- Chamboredon (Jean-Claude), « Peinture des rapports sociaux et invention de l'éternel paysan : les deux manières de Jean-François Millet », in *Actes de la recherche en sciences sociales*, nᵒ 17-18, novembre 1977.
- Collectif, *ABCDaire de Millet*, Paris, Flammarion, coll. « ABCDaires », 1999.
- Collectif, *L'Esprit et les Lettres, mélanges offerts à Georges Mailhos*, Toulouse, Presses universitaires du Mirail, coll. Les cahiers de littérature, 1999.
- Chesneau (Ernest), « Jean-François Millet », in *La Gazette des beaux-arts*, Paris, 1874, série 2, volume 11.
- Duby (Georges) et Wallon (Armand) (sous la dir.), « Apogée et crise de la civilisation paysanne, 1789-1914 », in *Histoire de la France rurale*, Paris, Seuil, 1976, tome 3.
- Eitner (Lorenz), *La Peinture du XIXᵉ siècle en Europe*, Paris, Hazan, 2007.
- Fermigier (André), *Jean-François Millet*, Genève, Skira, 1985.
- Fermigier (André), *Millet*, Genève, Skira, 2008.
- Grandmougin (Charles), « Millet », in *La Grande Encyclopédie*, Paris, Société anonyme de la Grande Encyclopédie, 1880-1910, tome 23.
- Gros (Dominique), *La Hague et Jean-François Millet*, Cherbourg-Octeville, Isoète, 2001.
- Herbert (Robert L.) et Bacou (Roseline), *Millet*, catalogue d'exposition (Paris, Grand Palais, 17 octobre 1975-5 janvier 1976), Paris, RMN, 1975.

- « Jean-François Millet », sur www.larousse.fr/encyclopédie/personnage/jean-françois millet/133231, consulté le 20/09/2014.
- « Jean-François Millet (1814-1875) », sur http://www.cahiers-naturalistes.com/pages/millet.html, consulté le 03/09/2014.
- « Jean-François Millet », sur http://www.universalis.fr/encyclopedie/jean-francois-millet/, consulté le 02/09/2014.
- « Le réalisme », sur http://www.musee-orsay.fr/fr/collections/dossier-courbet/le-realisme.html#c19307, consulté le 10/09/2014.
- LEBERRUYER (Pierre), *Jean-François Millet*, Orep, Nonant, 2008.
- LEPOITTEVIN (Lucien), *Jean-François Millet. Au-delà de l'Angélus*, Paris, Éditions de Monza, 2002.
- LEPOITTEVIN (Lucien), *Jean-François Millet. Images et symboles*, Cherbourg, Isoète, 1990.
- LEPOITTEVIN (Lucien), *Une Chronique de l'amitié. Correspondance intégrale du peintre J.F. Millet*, Le Vast, éd. J. et L. Lepoittevin, 2005.
- MANŒUVRE (Laurent), *Jean-François Millet. Pastels et dessins*, Paris, Bibliothèque de l'image, 2003.
- MOREAU-NELATON (Étienne), *Millet raconté par lui-même*, Paris, Henri Laurens, 1921.
- ROGER (Alain) (sous la dir.), *La Théorie du paysage en France*, Seyssel, Champ Vallon, 1995.
- SALÉ (Marie-Pierre), *Dessins de Jean-François Millet*, Cinq Continents, coll. « Galerie d'arts graphiques », 2006.
- SENSIER (Alfred) et MANTZ (Paul), *La Vie et l'Œuvre de Jean-François Millet*, Bricquebosc, éditions des Champs, 2005.
- VERHAEREN (Émile), « Jean-François Millet », in *L'Art moderne*, Paris, 1887.
- YRIARTE (Charles), *J.-F. Millet*, Paris, Librairie de l'Art, 1885.

SOURCES ICONOGRAPHIQUES

- MILLET (Jean-François), *Des glaneuses*, 1857, huile sur toile, 83,5 x 110 cm, Paris, musée d'Orsay. La photo reproduite est réputée libre de droits.
- MILLET (Jean-François), *L'Angélus*, 1857-1859, huile sur toile, 55,5 x 66 cm, Paris, musée d'Orsay. La photo reproduite est réputée libre de droits.
- MILLET (Jean-François), *Le Semeur*, 1850, huile sur toile, 101,6 x 82,6 cm, Boston, Museum of Fine Arts. La photo reproduite est réputée libre de droits.
- MILLET (Jean-François), *Un vanneur*, 1847-1848, huile sur toile, 100,5 x 71 cm, Londres, National Gallery. La photo reproduite est réputée libre de droits.

SOURCE COMPLÉMENTAIRE

- *Jean-François Millet au-delà de « L'Angélus »*, film d'Éric Delacour, collection « Des peintres au cœur de leur temps », France, 1998.

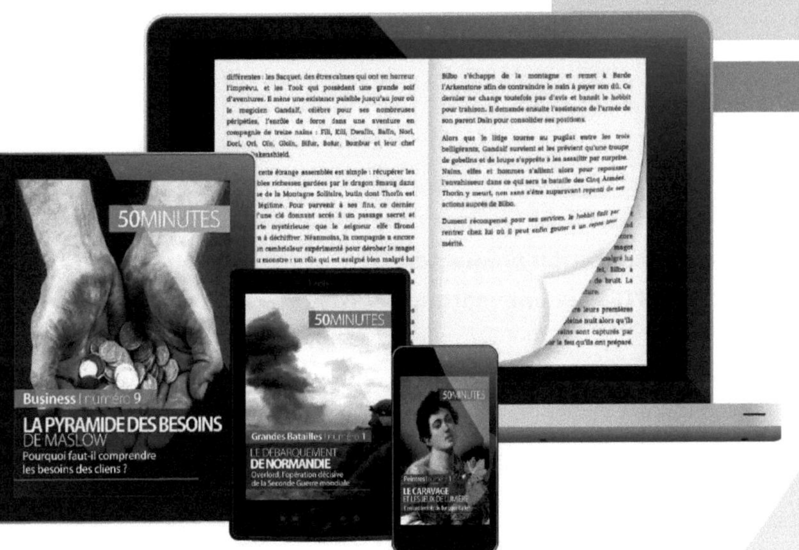

www.50minutes.com

Éditeur responsable : Lemaitre Publishing
Rue Lemaitre 4 | BE-5000 Namur
info@lemaitre-editions.com

ISBN ebook : 978-2-8062-6151-9
ISBN papier : 978-2-8062-6152-6
Dépôt légal : D/2014/12603-365
Photo de couverture : © *Un vanneur*, 1847-1848, par Jean-François Millet.

Conception numérique : Primento,
le partenaire numérique des éditeurs